Carta NO. 9
MANUSCRIPT PAPER

NO. 9

Carta

MANUSCRIPT PAPER NO. 9

NO. 9

Carta NO. 9
MANUSCRIPT PAPER

NO. 9

Carta NO. 9
MANUSCRIPT PAPER

Carta NO. 9
MANUSCRIPT PAPER

Carta NO. 9
MANUSCRIPT PAPER

Carta

MANUSCRIPT PAPER   NO. 9

NO. 9

Carta
MANUSCRIPT PAPER   NO. 9

NO. 9

Carta NO. 9
MANUSCRIPT PAPER

Carta NO. 9
MANUSCRIPT PAPER

Carta
MANUSCRIPT PAPER   NO. 9